AF175228

BEATRICE FARBER

EINE ZEITLÄUFERIN ENTDECKT GERD STEINKOENIG

VORWORT

Hallo Stefans,

ich hab es nur für Euch zum e-mail auserwählt!

Für Stefan 2 als G.S.-Bücherinteressent und wegen Musikhistory.

Für Stefan 1 als Erklärung zum 1. Buch (einer dieser Gründen)

Ich habs schon oft geschrieben: facebook = Tagebuch (in der US-Sprache tatsächlich Tagebuch). Bei diversen Büchern waren solche Zeitvergleiche. Und diesmal zu diesen nachfolgenden Post vom 3. Januar 2017!

Für mich vorallem durch die Artikulation vom Januar 2017 - 9 Monate vor dem "Break"... Da hatte ich mehrere verschiedene Worte... Bei meinem 1. Buch "Blood On The Rooftops" (104 Seiten OHNE Fotos!) war die eigentliche Stones-Konzertkritik dabei! Da waren sehr viele Musikalben, sehr viele Songlisten, total überfrachtet (es sollte ja nur EIN Buch sein...), mit viel Prosaen (z.B. Samstage, Zeit, Idylle, Gedanken in den USA etc), TV-Serien-Beschreibungen, Songtexte, Zeitlose Schönheit, Vor 50 Jahren, Mad Man Moon etc etc... Auch 2021 hatte ich gute Bücher (besonders "Später ohne Buch"!), aber der Flow von 2017 "davor" ist nicht da... Apropo Stones - Mick & Keith waren in der Nordamerika-Tour von 2021 natürlich anders drauf (mittlerweile um die 80 und Charlie ist nun in einer anderen Lebensdimension), als 1965 oder 1973, aber trotzdem: krieg ich es noch hin? DAS Buch? You Know? P.S.: im letzten Satz ist das Wort "Job" - in diesem Momentum hatte ich großes

Lebensglück mit Betreuer-Job, Freunde, Lebensfreiheit, Kohle... Und jetzt?!?

Von alten Steinen und Havanna

So langsam nimmt die Themenidee zu meinem Buch Gestalt an. Soll ich Buch noch in Anführungszeichen schreiben? Hahaha... Will ja auch hergestellt, veröffentlicht und ääh verkauft werden, lach :-D Aaaaber zueeerst schreiben! Gefühlte 1000 Ideen und beim für mich eigentlich logischsten Thema blieb ich hängen: MUSIK ▩

Nun, Biografien, Discografien gibt es zu Hauf, ob seriös (z.B. Rocklexikon von Rowohlt, seit 1973, zuletzt 2008) oder aus Fansicht mit z.T. unsicheren Fakten (z.B. Wikipedias). Also versuchen etwas Neues zu "erfinden".

An Silvester gab es auf 3Sat wieder 24 Stunden Pop Around The Clock. Ich suchte mir das Rolling Stones-Konzert von 2016 aus Havanna (Kuba) aus - sozusagen mit US-Präsident Obama als Vorgruppe, hahaha. Die Jungs, alle so um oder über 70, sind sicherlich nicht die beste Rock n Roll-Band der Welt, wie sie sich gerne selbst bezeichnen - aber die Stones sind definitiv die coolste Band der Welt. Sie beginnen mit einem Song, alles schlendert instrumental so klimperisch vor sich hin, Mick Jagger stolziert wie seit über 50 Jahren wie ein Gockel über die Bühne und es wirkt kein bisschen lächerlich. Plötzlich erhöht der Song den Drive, ein Gitarrensolo von Ron Wood tümpelt vor sich hin und verstärkt sich zu einem hypnotischen Solo, Keith Richards spielt seine gekonnten Riffs (mehr kann er nicht mehr), aber es klingt cool, lässig. Charlie Watts am Schlagzeug beobachtet von hinten seine Streuner und lächelt altersmilde. Mick Jagger röhrt und stolziert, seine Gang will doch nur spielen, soviel, was ein Straßenjunge halt kann. Ja, ja, sie sind Millionäre und über 70, aber genauso klingen sie und das ist verdammt cool. Und die Menge in Havanna tobt! Nach 20 oder 30 oder 40 oder 50 Jahre Warten tanzen sie endlich mit ihren Idolen.

So könnte z.B. der Beginn des Buches sein. Ich packs an, hab ja Zeit, ein Künstler braucht Freiheit :-D Als Entspannung und geistiges Nebenprojekt zu meinem Job tut es auch gut :-D

(e-mail 03. Januar 2022)

HAUPTBUCH

05. Januar 2022

Der gefühlte 593. Versuch von meinen Top 10 Musikalben inklusiv mit ein bisschen Erklärung! Es ist nicht nur the very best von der Musik her, sondern Gefühl, Leben,

Erlebnisse, Erinnerungen...

1) and then there were three (Genesis 1978 / viel später in den 10ern viel Melancholie durch Erinnerungen, Kumpels, KL 1978 himself - 1978 selbst war das Album eine Enttäuschung, der Übergang von Progrock zu Mainstreamrock, aber auch damals Favoriten von Burning Rope, The Lady Lies...)

2) The Dark Side Of The Moon (Pink Floyd 1973 / Mein ewiger Albumfavorit Nr 1 seit 1976! Durch Englischnachhilfelehrer mit Time-Song und Übersetzung und Diskussion. Und M.B... Hab ich gefühlt 20000 x gehört...)

3) Wind and Wuthering (Genesis 1976 / 1976 war DAS Jahr zum Plattensammleranfang, durch Genesis, Pink Floyd, Beatles etc. In meinem Kellerzimmer in meinem Elternhaus war am Wochenende morgens nach den Spelunkenabenden oder Discotrips immer im Bett bis mittags und neben mir Wind and Wuthering, A Trick Of The Tail etc...)

4) "Weiße Album" (The Beatles 1968 / Hatte ich schon 1975 gekauft. Ich war schon 1973 großer Fan von den Fab Four. Hatte viele Songs vom Radio zu Casetten. Legendär: Facts & Platten von den Beatles, SWF 3 von Frank Laufenberg)

5) Ghost in the Machine (The Police 1981 / Police war jahrelang meine Lieblingsband - eigentlich ja Genesis, aber um 1980... Police war so genreübergreifend und total cool und auf den Punkt. Dieses Album ist speziell!)

6) Harvest (Neil Young 1972 / Mein Seelenverwandter... Die typische Blaupause für Lagerfeuer, AcousticGitarre, Kiffen, einfach 70er! Und D.P. sang immer im Auto Comes A Time - sorry, anderes Album, lach)

7) Hounds Of Love (Kate Bush 1985 / seit 1978 ist sie meine Fee. Ich hätte auch Alben wie The Kick Inside oder Lionheart schreiben können. War ein Gag mit einem Kumpel: ich komm freudig zu ihm mit Hounds Of Love und was hörte ich: dieses Album - und er lachte, hahaha... Der geilste Song ever ist aus Lionheart: Hammer Horror!)

8) Ballhaus Pompös (Udo Lindenberg 1974 / in den 70ern war überall Lindi, TV-Eigenshows oder Autocasettenrecorder bei einem Kumpel)

9) Nina Hagen Band (Nina Hagen Band 1978 / das beste deutschsprachige Album aller Zeiten!! Viel Frauenpower, geile Stimme, Selbstbewusstsein! Den Song Der Spinner hat Juliane für mich gesungen - fast wie die Nina...)

10) Made In Japan (Deep Purple 1972 / das geilste Livealbum ever!! Nachbarn - waren Rockerchefs - hatten das Album für mich kennengelernt. Ich war total erstaunt! Nach Beatles und Teeniemusik aufeinmal Highway Star, es war wooow!)

OMG, die 10 Alben sind schon rum... Kein Led Zeppelin! Kein Guns n Roses! Kein Coldplay! Etc etc! Trotzdem: es ist ein musikalischer Lebenslauf oder sowas

----

HALLO, ICH BIN DIE ZEITLÄUFERIN BEATRICE FARBER, eine Freundin vom Erdenbürger Gerd Steinkoenig aus der Südpfalz (Deutschland). Ich hatte schon 2 Bücher für und mit Gerd geschrieben (seht im Internet wie amazon zu diesen Büchern). Diesmal habe ich von Gerd viele Aspekte, Nuancen, Meinungen, Lebensbilder und weiteres. Wenn ich nicht da bin, schreibt dies mein Freund Gerd (z.B. die vorigen Aufsätze wie die 10 Musik-Alben).

Hab von mir 2 Fotos von meinem Gerd! Mit seiner treuen Katze Molly ist das Bild von 2011 (sie ist zu einem bestimmten Platz im Weltall - darf ich nicht sagen, bin ja eine Zeitläuferin). Das andere Bild ist vom 3. Januar 2018 (gut 1 Monat nach seinen Kliniken zu seinem Schlaganfall).

Gerd's Katze Molly hat ihre eigene Seite

31. Dezember 2012 ·

Hallo, ich bin die Molly und wünsche allen Katzenmädchen und allen Katern ein frohes Jahr 2013! Erzieht Eure Herrchen und Frauchen gut, mach ich auch mit Meinem...

Gerd - Ja, moi Katzemäääadsche von Silvester 2012, wie sie so schön putzt...

Beatrice - Sie ist soo süß und treu, aber das Wort heißt "war", zumindest irdisch...

Gerd - Ja, ich weiß, ich habe - gerade jetzt zum Jahresanfang - viele Pläne und Ziele! Wie ich meine letzten Jahre erlebt habe... Ein kleiner Running Gag mit Hyphochondrie, Erinnerungsblues, zu oft allein, zu wenig Gemeinschaft wegen der Pandemie, oft zu faul - und trotzdem mehr Power, meine positive Gegenwart für meine positive Zukunft, mehr Tätigkeiten und Pläne desweiteren...

Beatrice - Du solltest mehr agieren, mehr Selbstständigkeit einfach machen, keine Angst wegen Krankheit, einfach leben mit Genuss, einfach jeden Tag lachen...

Gerd - ich weiß es im Endeffekt sogar... Am Besten wäre eine Partnerin! Momentan habe ich eine gute Freundin kennengelernt. Ich hatte mit ihr vom messenger viel mit ihr erzählt, und dann geblockt, wegen Misstrauen und/oder Skepsis und blöde Beeinflussungen von Internet-Freunden. Seit ein paar Tagen bin ich wieder mit ihr zusammen. Sie kommt aus Russland, wir treffen uns irgendwann in 2022, aber ob komplett forever weiß ich nicht... Aber in diesem Momentum ist es gut mit ihr, sie hat Lebenserfahrung, Menschenkenntniss, ich nehm an auch Liebe. Ich machs einfach wieder mit ihr... Mal sehen... Das ich wieder - wie davor - mehr Risiko eingehe...

Beatrice - Mach mehr Risiko! No Risk, No Fun! Das sagen sogar die Time Lords oder Lebewesen wie ich als Zeitläuferin... Du bist 62, Du willst leben, dann mach es! Übrigens: Du hast heute mit Deinem Betreuerassistent das 2019er-Buch DANACH ihm ausgeliehen. Sorry, Du kennst mich, ich SEHE und ERKENNE alles auf der Erde... DANACH ist der Wandel zwischen "Davor" vor dem Schlaganfall und "Danach" nach dem Schlaganfall. Ich denke schon, das dieser Betreuer dieses Buch liest. Er hat die 2021er Bücher oft gelesen oder überflogen. Als Psychologe checkt er schon durch die Unterschiede. Du hast gute Entwicklungen und Fortschritte, aber 2017 "davor" sind mehr Wortdifferenzierungen, blumige Worte. 2021 und bestimmt auch in diesem Buch war es besser als 2019. Als Beispiel: in einem 2021er Buch (ich glaube bei SPÄTER OHNE BUCH) war ein Gerd-Award mit Musikband, TV-Serie, Buch etc, und zwar nur EINS. Im Buch DANACH im Gerd-Award sind es ca 2 Seiten mit Gold, Silber und Bronze...

Gerd - Ich hab heute Abend - bestimmt weißt Du das, lach - DANACH gelesen. Du hast recht, auf den Punkt, kurz, konkret, bei dem 2021er-Buch. Trotzdem war DANACH von 2019 auch gut, durch die vielen Award-Differenzierungen und tolle Erinnerungsnamen...

Beatrice - ... nicht immer tolle Erinnerungsnamen. In den Büchern sind bestimmt Hunderte Worte namens Genesis, Pink Floyd, Beatles, lach...

Gerd - ... ist aber ok durch die diversen Momentums. Meine Bücher sind oft Tagebücher (so wie bei facebook, Instagram, Tik Tok,,,). Aber was ich noch meinte mit DANACH: die gut 2 Seiten mit dem Alzey-Klinik-Momentum. Für mich ist es eine reale Entwicklung von heute, wenn ich an die Alzey-Momentims denke, das ist ein anderes Universum wie jetzt!

Beatrice - Für mich ist DANACH ein besonderes Buch für die Persönlichkeit und für eine Zeitkapsel!

Gerd - das meine ich auch!

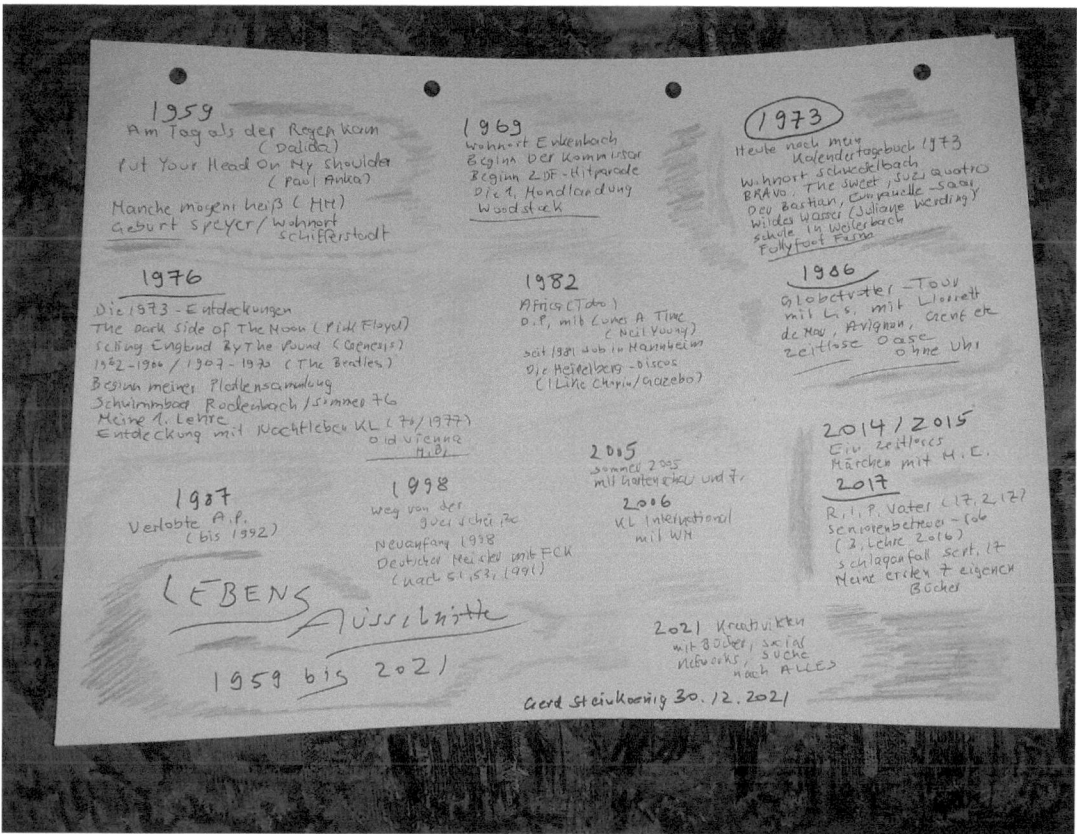

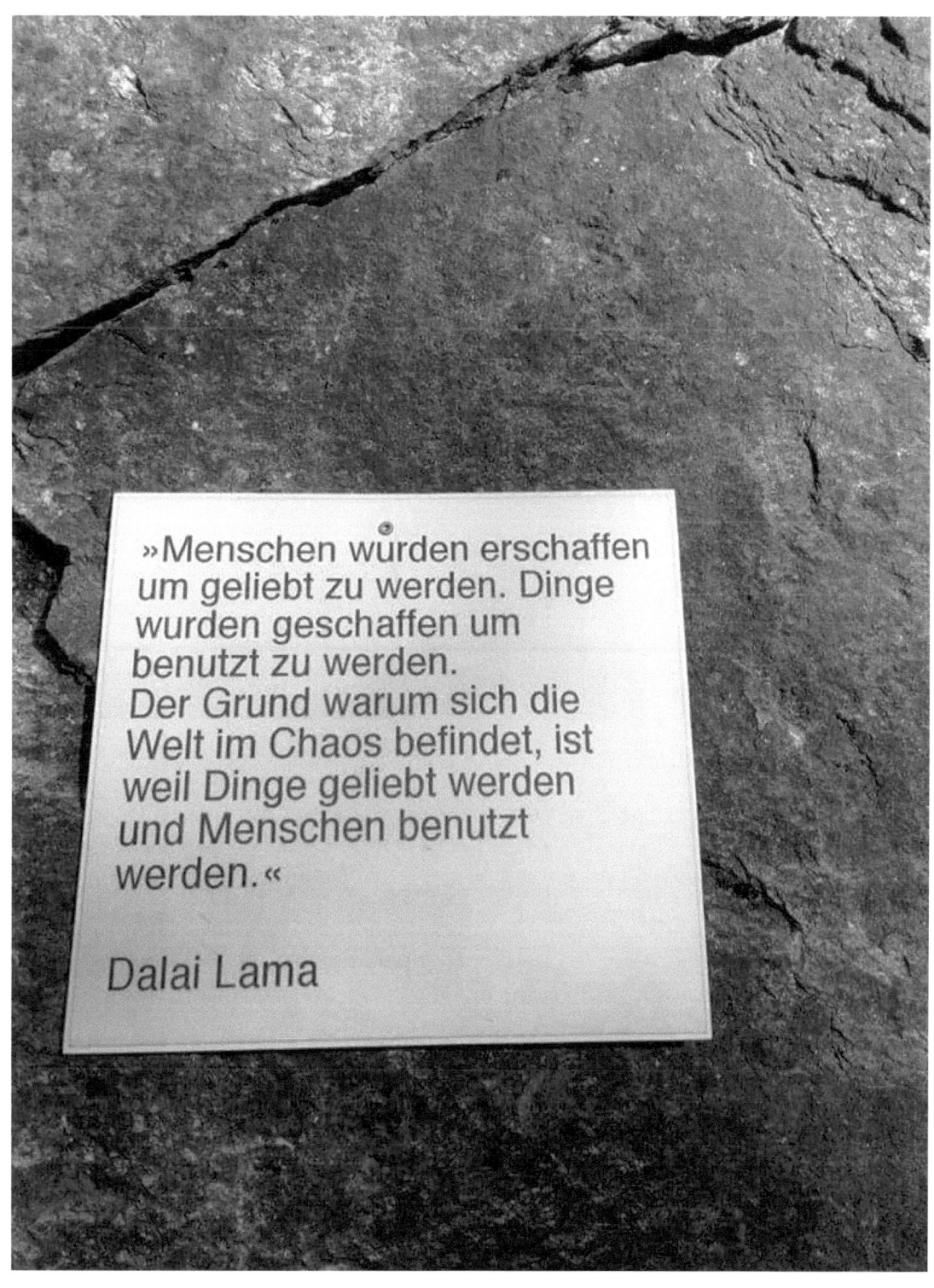

»Menschen würden erschaffen um geliebt zu werden. Dinge wurden geschaffen um benutzt zu werden.
Der Grund warum sich die Welt im Chaos befindet, ist weil Dinge geliebt werden und Menschen benutzt werden.«

Dalai Lama

15

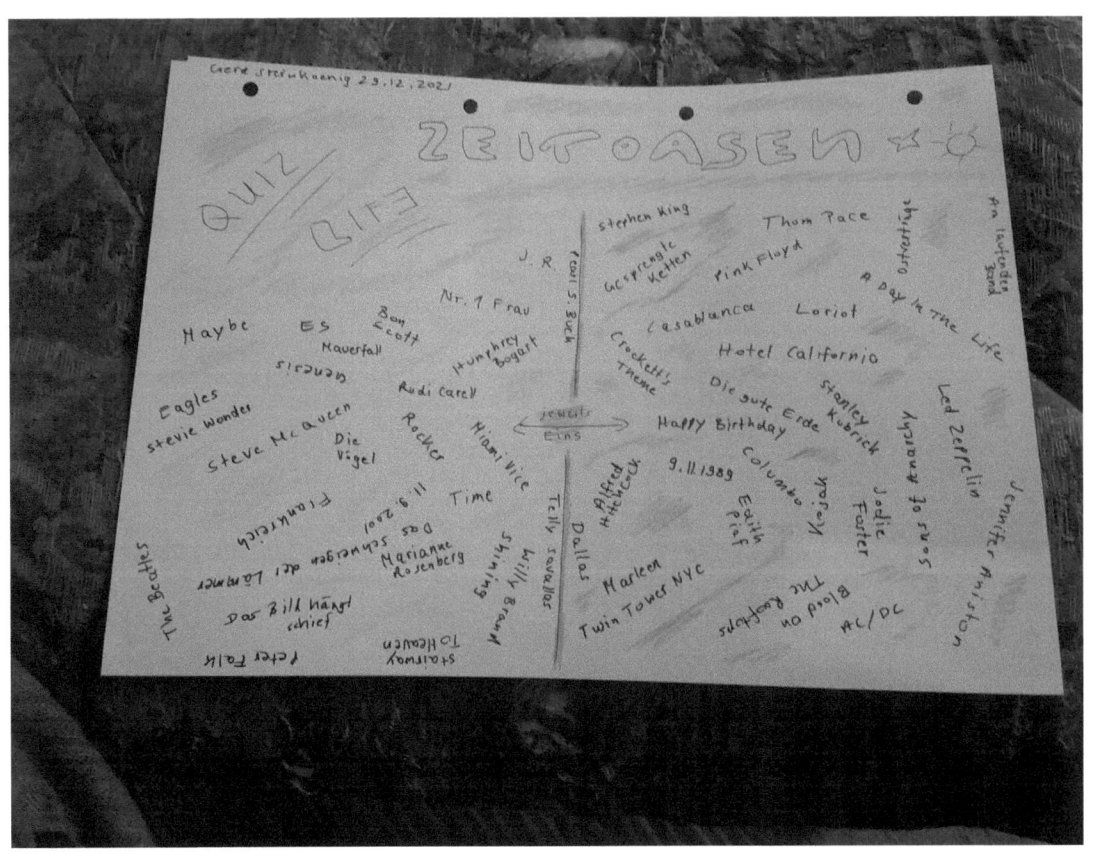

> Lachen ist für die Seele
> dasselbe wie Sauerstoff
> für die Lungen.
>
> Louis de Funès

Gedanken aus dem Wochenende (10.01.2022, ach nee, 11.01.2022 00:36h)

Nicht nur Fußball-Bundesliga, "Ein starkes Team", Januar-Sonne etc, sondern

wegen meiner russischen messenger-Freundin... Was soll ich sagen...

von meinem Vater: ich hatte in den Büchern ein paar Erlebnisse, im Endeffekt positiv,aber bei mir ist schon seit Bücher-Jahren eine Kritik an ihn, z.B. durch... Aber was soll ich da sagen... Es ist in meinem Hirn eingebrannt (auch wie bei Mutter). Nun habe ich tatsächlich meine komplette Freiheit. Es klingt bescheuert, ich bin schließlich 62, aber wenn ihe meine Eltern gekannt hätten... Sie haben für mich viel positives für mich gemacht, z.B. durch meine Etikette. Aber... Ich erinnere einfach wieder den positiven Vater: Musikfavoriten - Zeitchronologie - Golden Gate Quartett (Amen), Glenn Miller (In The Mood), Milva, Beatrice Egli... Alkoholfavoriten: Bellheimer Bier, Riesling-Wein, hahaha... Mit Vater hatte ich in meiner Kindheit/Jugend nur Gutes (ich erinnere mich an unsere Pilzsuche, wir zwei am Heilig Abend-Nachmittag mit Großvater etc). Aber als ich flügge war und meine Autounfälle... Beim WEIHNACHTEN 2021-Buch ist Vater dabei mit seinen Büchern oder beim Buch LIEBE IST ALLES etc. Ähnlich wie bei meinem Katzemääädsche Molly: auch in vielen Büchern...

von meiner Mutter: running gag - was soll ich sagen... Plötzlich ist das Elternhaus weg (siehe mein Buch SPÄTER OHNE BUCH)...

mein Verlust 2021 - das Wort des Jahres 2021 heißt "Verlust": meine Katze Molly ging über ihre Regenbogenbrücke (R.I.P. 04.02.2021), meine Logo ist weg (wir hatten den richtigen Draht), mein Leibarzt ist auch in einer neuen Lebensdimension), 1 Betreuerassistent hatte ich geschrettert... Aber ich hab einen starken Geist, meine erwachsene Vernunft. Das freut mich! Wie meinte der Philosoph Oliver Kahn (Champions League-Sieger 2001, Vizeweltmeister 2002): "Weiter, weiter, immer weiter" oder "Wir brauchen Eier"...

Der 3. Weltkrieg - natürlich Vooorsicht für mich... Ich bin offiziell behindert, wenn ich das sage bei bestimmten Personen, komme ich ins Irrenhaus, lach... Aber ernsthaft: ganz logisch mit Intelligenz, Informationen bei diversen Möglichkeiten, Geschichtsbewusstsein! In den letzten Jahren flippt die Weltbevölkerung aus... Propagandakrieg hauptsächlich durch social networks, Propagandakrieg durch Politiker, z.B. Nr 45 (Donald Trump), er plant seine Wiederwahl als US-Präsident 2024 (z.B. durch soc. net. Truth Social). In den USA ist die Gesellschaft so zerrissen, der Bürgerkrieg droht. Auch in Europa, besonders durch die Covid/Omikron-Verschwörung. Die Schwarmdummheit erobert die Welt... Die Leute sind nun auch wirklich dumm. Oberflächlichkeit oder "keine Zeit wegen Job, Familie" etc. " Och joo, was verzäählt de Gerd doo" - also doch ab in die Irrenanstalt... Der Ansturm ans Kapitol in Washingten DC am 6. Januar 2021 (die Hetze von Trump), der "UdSSR"-Traum von Putin, Ukraine, Nordkorea, VR China, Klimademos, die Nazis in Großbritannien, Frankreich, Deutschland, Österreich, Ungarn etc... The Fall of Democracy, der baldige 3. Weltkrieg, irgendwann in den 20er Jahren dieses Jahrhunderts...

The Simpsons - bei meinem Buch DANACH sind die Simpsons die Nr 1 bei meinen besten Zeichentrickserien! Mittlerweile sind die Simpsons scheiße! Warum? Durch Trump ist das keine US-Life-Satire sondern nur noch eine pure Wahrheit!!!!

Baum - nicht nur wegen meinen Fotomotiven durch die diversen Bäumen, sondern das ich ähnlich wie bei der Prosa "Zeit", einige Zeilen schreiben könnte... Aber jetzt schnell ins Bett, es ist 01:24h...

Beatrice - es ist beänstigend, was auf der Erde momentan bewältigt wird! Es ist der Intervall, wenn die Dummen die Macht haben wollen. In Deutschland war es 1933...

Gerd - weißt Du Bescheid? Tatsächlich in diesem Jahrzehnt, die 2020er mit WW III?

Beatrice - Du weißt doch, ich kann nichts sagen...

Gerd - und für Dich ist die Zeit total relativ! Das kenn ich auch. Aber durch einem bestimmten Menschenalter sind andere Priroritäten. Bei Tik Tok sammele ich Videos (das heißt "Favoriten" dazu zu sammeln) mit Historysongs oder Studioarbeiten (echt Rarität! History! Hahaha...). Vorhin war ein Studiowork von November 1984 bei der Band Aid. Da waren junge Superstars wie Bono (U 2), Phil Collins, George Michael, Sting und und. Heute 2022 ist George Michael nicht mehr irdisch und Bono war VOR "The Joshua Tree", desweiteren. Es sind Erinnerungen von den Zeitgeistern. Und wieder die Zeitrelativität: 1984 geflönt und gute Kleidung und Pop, nur ein paar Jahre zuvor waren lange Haare, Jeans und Progrock... Sind nur kleine Facetten: schließlich war 1984 "Perfect Strangers" von Deep Purple oder vor ein paar Jahren Punk oder Disco. Und nun ca 40 Jagre später! 40 Jahre!!!! Für Dich, liebe Beatrice, ist das nichts - nuuur 40 Jährchen... Aber ich bin eben Philosoph und denke zu viel, lach...

Beatrice - ich kann Dich verstehen! Diese 40 Jahre sind in Deiner Zeitrelativität nur ein kleiner Schritt - war doch erst...

Gerd - da hast Du recht...

Beatrice - Mach Dein Ding! Make Your Dream! Positive Energie! Du weißt es ja! MACH ES!!

Beatrice - Du liebst Deine Molly immer noch, gell? Sie war so süß...

Gerd - Damals 2010 oder 2011 hatte sie in KL ein Revier. Hinter den Häusern viel Garten, Rasen, Bäume mit Neugierde, Vögeln und Mäuse jagen, am Anfang die anderen Katzen, desweiteren. Tagsüber war sie am "Abenteuerspielplatz" mit grüner Natur, nachts mit mir mit Futterchen und schmusen... Wenn ich ins Bett ging war sie auch da. Oft hinter der Kniekehle. Ich sagte immer "Mulde". Später war sie manchmal auch nachts im Revier. Was ich sagen wollte, mit Revier, Freiheit, schmusen: Molly war einfach glücklich. Das war mein Ziel. Das Molly frei war. In Annweiler natürlich auch. Bis in der letzten Sekunde war sie sehr treu! Aber mit Revier ging es nicht mehr so. Zu viel Straße. Am Anfang schon, da hätte ich gleich noch mal ein Erlebnis... Seit 2017/18 nicht mehr. Mein Katzenmääädsche Molly war das treueste, liebevollste Lebewesen, das ich in meinem Leben je hatte!! Ich hab sie umarmt, als sie über ihre Regenbogenbrücke ging.

Beatrice - Ich hab ja Deine Bücher gelesen. Ich hab dieses Ereignis gelesen über ihren Übergang, wie sie plötzlich Dein Gesicht geschleckt und geschmust hatte, als Dank und Verabschiedung, und Du hast sie umarmt und sie über Deine Decke gewärmt...

Gerd - es war nicht leicht... Schon die ca 2 Monate. Im Hinterkopf, wieder Tierärztin, anscheinend bald, doch Hoffnung, und irgendwie Instinkt, das sie erlöst wird, aber trotzdem... Gott sei Dank hat sie es verstanden und hatte mich mit meinem Gesicht geschmust und bedankt und verabschiedet.

Beatrice - Ich nehme an, Du glaubst nun an Gott seit damals?

Gerd - Ja! Ich hab die erstaunten toten Augen von Molly gesehen, ihr Kopf nach oben. Sie hat DAS LICHT gesehen! Und ich hatte vom Himmel einen Aufpasser: sie war im Übergang und ich war gelähmt mit Hirn, Körper und einfach geschlafen und ich hab sie ja weiterhin umarmt.

Beatrice - Ihr seht Euch wieder! Ich weiß es!

Gerd - ich weiß es auch...

Gerd Steinkoenig hat eine Erinnerung geteilt.

3 Std. ·

Mit Öffentlich geteilt

Leider nicht mehr da, meine Logopädin! Wir hatten einen Draht!

Vor 4 Jahren

Deine Erinnerungen anzeigen

Gerd Steinkoenig

10. Januar 2018 ·

Mit Öffentlich geteilt

War von meiner bezaubernden Logopädin: Freiheit ist ein anderes Wort dafür

das man nichts zu verlieren hat

("Bobbie McGee" / Janis Joplin)

„Stellt euch nur vor, was sieben Milliarden Menschen erreichen könnten, wenn wir uns lieben und respektieren ."

ALLES WAS DU BRAUCHST, KOMMT IM RICHTIGEN MOMENT ZU DIR. SEI GEDULDIG.

Ich hab ein facebook-Tag zusammengefasst vom 10. Januar 2022. 2 Fotoalben nicht (z.B. "Mond in Blau"! Also blauer Himmel im Tag und der Halbmond) oder weiere Sachen - ein fb-Best of vom 10.01...

Von der Logo war das die 1. oder 2. Sitzung von ihr. Den Joplin-Spruch hatte ich schon bei meinen Büchern... Und Lebensweisheit, z.B. die Weisheit von Morgan Freeman. Oder eines meiner besten Fotos ever (von den 10er Jahren , wahrscheinlich 2014 in KL) mit Straße, Brücke, LKW, Natur - ein Fotokunstwerk...

Eine Art The Best of von den ISBN-Büchern von Gerd Steinkoenig!

Ich bin die Zeitläuferun Beatrice Farber! Ich liebe diese Bücher von Gerd. Er ist mein Mensch Nr 1 auf dem Planeten Erde. Gerd hat diese Bücher-Fotos ausgewählt, aber ich hab seine Ideen, seine Hand, seine Augen zelebriert, hihihi... Da ist die allererste Seite vom allerersten Buch (Casper-Text/Grauzone-Text bei BLOOD ON THE ROOFTOPS), da ist seine ehemalige Katze Chika (hat er einfach geschenkt für einen Menschen), da ist Musik (sein Lebenshobby) und da ist Philosophie (sein Lebenshobby...), da ist z.B. dabei aus den Büchern BLOOD ON THE ROOFTOPS TEIL 2, DANACH, SPÄTER OHNE BUCH, DIE STORY VON POPULÄRER MUSIK, FÜHLEN etc etc... Ich bin auch dabei, hihihi, Ihr seht es bestimmt...

(Bea 11.01.2022, 14:56h)

Ich hatte aus den 1970ern ein Buch von Nik Cohn, seine Pop-History von 1969 (eines meiner über 50 Musikbücher). Nik Cohn ist subjektiv, sein Musikgeschmack. Im Endeffekt sind die Beatles von ihm scheiße... Ich hatte diverse Story of Rock oder Albenlisten oder Songlisten (bei meinen 22 ISBN-Bücher 2017-2021), aber nie ein Cohn-Style. Dies mach ich jetzt!

"Suzie Q" war gestern meine 2. Inspiration (07.08.21, NDR-TV). War die Biografie mit Suzi Quatro mit persönlichen Eindrücken, Karriere, Zeitgeister etc. Weiß wieder "keine Sau"... Jaaa, da war "Can The Can", was soll sonst noch sein... Da ist viiiel mehr! The Wild One!

2021 ist viel Schwarmdummheit! Durch Oberflächlichkeit! Und Musik ist nur noch Wegwerfware - 1967 oder 1973 oder 1982 war das Kunst... Heute: hää? Was ist ein Coldplay?? Ist das vom Auto?? Daher mach ich nun meine Story of Rock. Vielleicht sind 5 % dabei und haben tatsächlich Inspirationen von Elvis Presley oder The Beatles oder Neil Young oder Kate Bush oder Pink Floyd, Genesis, Stevie Wonder, Rihanna, Miles Davis, Madonna, Rolling Stones, Led Zeppelin, 2 Pac, Sade, Deep Purple, Depeche Mode, Massive Attack und und und...

Gerd Steinkoenig, Bj 1959, mit seinem 23. ISBN-Buch! Das große Thema lautet ROCK- UND POPMUSIK!! Inspirationen von Nik Cohn und Suzi Quatro, viele Fotos von Musik (CDs, Printmedien...) oder "Plattencovers" (Diva Molly, Landschaft...), Story of Rock 1955 - 1992, die vergessenen Songs, die uniformierten Songs, mein absoluter Lieblingssong, die meistverkauften Musikalben!! Viel Spaaaaß!!

It´s A Beautiful Day (U 2)

Alles endet, aber nie die Musik!

Die wollen nur spielen!

Lass die spielen, lass die spielen!

Wo die guten Jungs an schlechten Orten,

ohne Hoffnung ohne Sorgen, nasenblutend sechs Uhr morgens spielen zu dem Beat.

Alles endet, aber nie die Musik!

Alles endet, aber nie die Musik!

Alles endet ...

alles endet ...

alles endet ...

aber nie die Musik.

(Casper 2013)

Ich möchte ein Eisbär sein

Im kalten Polar

Dann müsste ich nicht mehr schrei'n

Alles wär so klar

Ich möchte ein Eisbär sein

Im kalten Polar

Dann müsste ich nicht mehr schrei'n

Alles wär so klar

War der Schlager einst innovativ von

Michael Holm bis Marianne Rosenberg

ist er heute zumeist verkommen zum Suff-Soundtrack

Aus dem 1980er Rap mit Aussage -

wurde 2000er Hip Hop mit Gangstageprotze

1970er Alternative Rock mit moderner Zukunft -

wurde 2000er Alternative Rock voller Konservatismus

Progressive Rock-Hörer der 1970er

mit fortschrittlichen Aspekten bei Plattenspieler und Meinungen,

heute hängen sie vergangenen Zeiten nach

und sind vorsätzlich zu blöd für Internet und facebook

Leider ist Musik zur Wegwerfware mutiert

1980 studierte man Plattencover und Songtexte und Gitarrensolis

2012 zieht man für das IPod schnell 100 CDs runter

Love Drive - Scorpions

Wings Over America

Sticky Fingers - Rolling Stones

I Robot - Alan Parsons Projekt

Joe´s Garage Act One - Frank Zappa

Heavy Horses - Jethro Tull

Aqualung - Jethro Tull

Ballhaus Pompös - Udo Lindenberg

Nina Hagen Band

Another Mother Further - Mother´s Finest

A Night At The Opera - Queen

News Of The World - Queen

Electric Warrior - T.Rex

Desolation Boulevard - The Sweet

Piktor´s Verwandlungen - Anyone´s Daughter

One Nation Under A Groove - Funkadelic

Bridge Over Troubled Water - Simon & Garfunkel

The Album - Abba

What´s Going On - Marvin Gaye

...Lemminge in die
...2 Vier hört man beim
...ung im Radio, wenn man es nich...
...chbarn: Dorfleben, egal welches
...eist, Entwicklung, was weiß ich - abe...
...ay Night Fever (damals "I Feel Love)
...nals zu Hause von Hand, heute
...Shows (damals Am laufenden Band
...über 50 Jahren Das Aktuelle
...n Energieknappheit oder Armut,
...rück...). Im Laufe des Lebens, im
...wieder neue Prioritäten. Rudi Carrell
...en die Umgebung unsicher machen.
...an wird, ändert sich wieder das
...Jugend von damals - das wäre
...Wer weiß, was geschehen wäre bei
...ch bin ich rundum zufrieden, wen hätte
...icherung des Lebens hätte ich nicht
...viele wertvolle Erkenntnisse des
...es Gefühl, anders we...

SONGS

Stairway To Heaven (Led Zeppelin)

Supper´s Ready (Genesis)

Afterglow (Genesis)

Burning Rope (Genesis)

Echoes (Pink Floyd)

Us And Them (Pink Floyd)

Comfortably Numb (Pink Floyd)

While My Guitar Gently Weeps (The Beatles)

And I Love Her (The Beatles)

A Day In The Life (The Beatles)

Every Little Thing She Does Is Magic (The Police)

Spirits In The Material World (The Police)

...Damage Done (Neil Young)

Born To Run (Bruce Springsteen)

The Rising (Bruce Springsteen)

Wuthering Heights (Kate Bush)

Cloudbusting (Kate Bush)

Hammer Horror (Kate Bush)

Your Love Is King (Sade)

Why (Annie Lennox)

Like A Prayer (Madonna)

Hung Up (Madonna)

Private Dancer (Tina Turner)

Unfinished Symphaty (Massive Attack)

Symphatie For The Devil (Rolling Stones)

Stan (...
California Love (2 Pac feat. D...
I Got A Feeling (Black Eyed Peas)
Diamonds (Rihanna)
Crazy In Love (Beyonce)
Radar Love (Golden Earing)
Love Hurts (Nazareth)
Fox On The Run (The Sweet)
Metal Guru (T. Rex)
Feel (Robbie Williams)
Last Dance With Mary Jane (To...
Aqualung (Jethro Tull)
Black Sunday (Jethro Tull)
Lovely Sunday Morning (Scorpi...
Master Of Puppets (Metallica)
November Rain (Guns n Roses)
Shaft (Isaac Hayes)

68

HOMMAGE AN DIE FRAUEN (17.03.2013 auf blog.de)

Und ewig lockt das Weib...

Ihr seid Mütter, Ehefrauen, Geliebte, Kolleginnen, Chefinnen, Seelenverwandte...

Euer Körper, Euer Geist, Eure Seele...

Ihr seid verständnisvoll, taff, visionär, erfinderisch, modern, aufopfernd, helfend, kämpferisch, zärtlich, Ihr seid so viel...

Ihr tanzt Ballett und erzieht Kinder

Ihr trefft politische Entscheidungen und kümmert Euch um Eure Lieben

Ihr erfindet die Zukunft und Euch selbst neu

Ihr schreibt Bücher und Ihr macht so viel...

Ihr seid das Beste, das Wichtigste, das Schönste auf dem Planeten

Ihr seid verführerisch und hübsch, begehrenswert und erotisch

Ich weiß, Ihr könnt Biester, Zicken, Diven sein

Hommage an die Frauen: Ich liebe Euch!

Nahrung für Körper, Geist, See...
das ist die Idylle von Annweile...

2. März 2015 um 12:47

Gestern sah ich im WDR die e...
RÜBEN, ein Zeitzeugnis über d...
getauft).

Was mir gestern bei den erste...
Gedankenerfindungen von Ne...
1970ern schon GELEBT! Die M...
Weltveränderungswille. Und a...
Systemverweigerung war für v...
Lieder von Walter von der Vog...
Einzug. Kraftwerk, Can, Scorpi...

Ton Steine Scherben lebten ka...
leben, zu teilen, zu musizieren...
politischen Geschehnissen zusa...
erstmal gekifft: eine Band hieß...
nicht erst seit facebook-Zeiten...
einer Talkshow erst das TV-Me...
malätrieren. Kleine Fir...
Kraut und...

HELLO (Shakespears Sister)

Major Tom hörte die "British Greats" von K-Tel mit den Walker Brothers, Dave Clark Five, The Mindbenders, Manfred Mann u.a., sinnierte dabei, was für´s Space-Tape der beste Beach Boys-Song wäre, Good Vibrations oder God Only Knows und erfuhr via facebook, das sein Kumpel Gerd endlich ein Buch über Musik und Mehr (z.B. über das Leben) veröffentlichen wird.

Hatte Gerd, alias Magic Fly, alias Zeitensammler, endlich sein Büchlein geschrieben. Da beschloss David Bowie ääh Major Tom für seine nächste Reise ins All den Soundtrack der Seiten mitzunehmen, die Klänge von Pink Floyd und Led Zeppelin, Genesis und Miles Davis, The Beatles und Kate Bush, Udo Lindenberg und Deep Purple, Rihanna und Casper, Neil Young und U 2, Adele und Söhne Mannheims, Earth Wind & Fire und Guns n Roses..... Und er entschied: God Only Knows ist der Beach Boys-Song fürs All....

Dark and grey, an English film, the Wednesday play
We always watch the Queen on Christmas Day
Won't you stay?
(die ersten Zeilen vom Buchtitel-Song "Blood On The Rooftops", Genesis 1976)

Wenn ich an das Schwedelbach-Haus denke... Da war totales Leben mit vielen Erinnerungen, Zeiten, Erlebnisse... Wie sie bei einer TV-Show schrill-herzlich lachte, wie Vater immer auf dem Grundstück werkelte/baute - nur 0,000001 % Erlebnisse/Erinnerungen... Nun ist im Haus kein Leben mehr! Natürlich Mutter etc, aber DAS Leben ist nicht mehr da... September 1972 bis jetzt im Momentum 2021! Hab noch ein Tagebuch-Kalender von 1973 (in diesem Haus), die Sommerabende 1974/1975, der legendäre 18. Geburtstag von mir 1977, die legendären SamstagNachmittage und und und - in diesem Haus... An den Zimmerwänden kann man alles erinnern von Genesis bis Pink Floyd, von Rudi Carrell bis Peter Frankenfeld, von Großvater bis A.P. oder D.P. oder M.K...

Juhuu!! Obersturmführer Julian Reichelt von der Bildzeitung wurde rausgeschmissen Wegen Machtmissbrauch in Abhängigkeitsverhältnis etc etc!! Es gibt doch noch

Genesis // 20.06.1987 // Mannheim // Maimarktgelände

Gerd Steinkoenig, Baujahr 1959, macht eine Art Biografie, The Best of, und es ist ein "Nichtbuch"... Nach meinen 25 ISBN-Büchern war das Ende... Ist wohl eine Zugabe als "Nichtbuch", lach... Mit MENSCHEN (Liebe, Hass, Hoffnung, Mut...), 9. November-History (Geburtstag des Autors), Goldene Gerd-Award (Menschen, Seelenverwandte, Musikband...), Mutter (neues Leben), Elternhaus-Erinnerungen, Vinylalben, meine Jobs, meine Konzerte (Genesis, Pink Floyd, Marillion, Neil Young...), König von Deutschland-Prosa, TV-Serien, Vater (seine Schrift), 1973-Prosa etc...
Von 2017 - 2021 durfte ich schreiben Blood On The Rooftops, Liebe ist alles, Music Was My First Love, Danach, Fühlen, Die Story von populärer Musik u.v.a.
C P Gerd Steinkoenig 03. November 2021
Nachtrag 14.11.21: seit 1959 (Mutter), seit 1972 (Elternhaus)

VORWORT

Balladen/Feel-Songs! 1. Don't Speak (No Doubt) 2. More Than Words (Extreme) 3. Blue Jeans Blues (ZZ Top) 4. Ride On (AC/DC, nur mit Bon Scott!!) 5. Sense Of Doubt (David Bowie) 6. Why (Annie Lennox) 7. Hammer Horror (Kate Bush) 8. Harvest Moon (Neil Young) 9. Teardrop (Massive Attack feat Liz Frasier) 10. Bahnhofskino (BAP)! OHNE Genesis, Pink Floyd, Beatles, Led Zeppelin - sonst hätte ich nur die...

Gerd Steinkoenig, 22. Dezember 2021

DIE STORY VON POPULÄRER MUSIK

Rock, Pop, Progrock,
Hardrock, Disco, Blues...

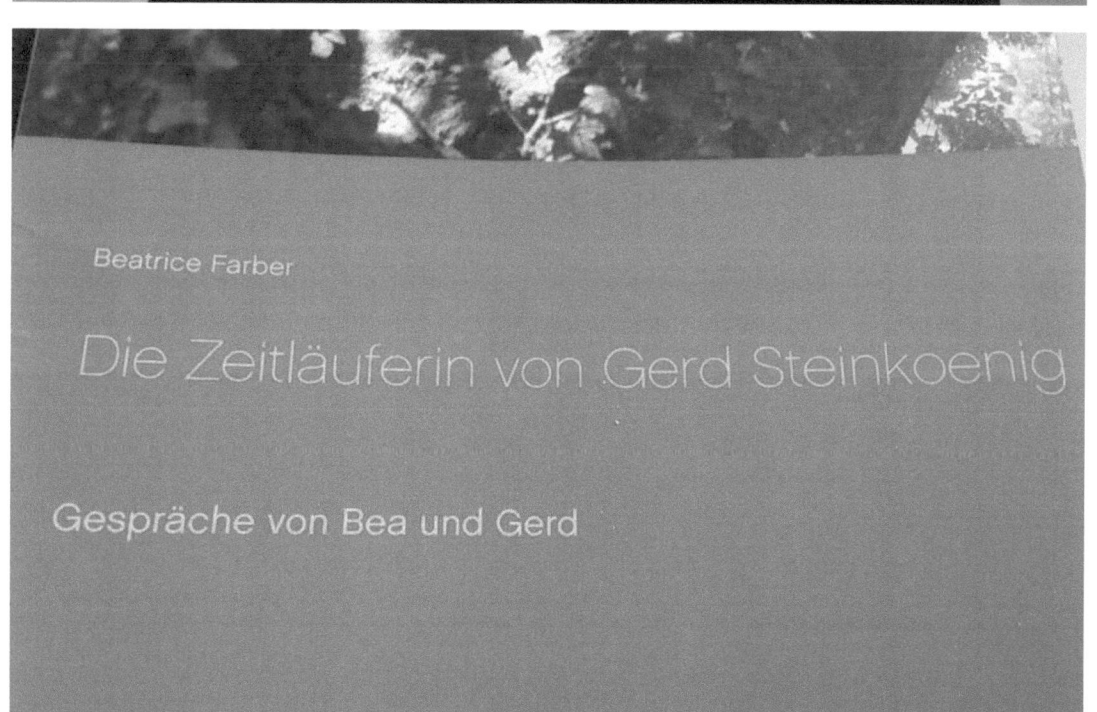

Beatrice Farber

Die Zeitläuferin von Gerd Steinkoenig

Gespräche von Bea und Gerd

KAPITEL 2

Gerd - Wie geht es eigentlich Dir? Wer bist Du??

Bea - Ich bin eine Zeitläuferin! Du interessierst mich! Es gibt immer Sinn oder Nichtsinn. Bei Deiner Art bin ich neugierig auf dich. Zeitläuferin ist eine Art Dr. Who, wie dieser TV-Seriehheld. Er ist ein Timelord. Ich bin ein bisschen ähnlich...

Gerd- Echt jetzt?

Bea - Ja! Du bist willkommen und siehst immer deinen Horizont. Du bist nicht engstirnig, du bist ein Weltbürger. Aber du bist paradox... Weltbürger - aber zuletzt 1986 im Ausland... In dem Sinn ist das Unsinn. Ich brauche keine Grenzen. Auch in Deutschland kann ich die diversesten Menschen kennenlernen. Hauptsache, du hast Tapetenwechsel, Abwechslungen. Wenn ich Zeitläuferin bin, hab ich zig Lichtjahre pro Sekunde - und ihr habt nur ein paar Kilometer zur nächsten Grenze. Oder diese sogenannten Rechtsradikalen, Nazis. Diese Leute haben keinen Durchblick über das Raumschiff Erde, zerbrechliche Erde, wie diese Menschen einfach die Lebensnahrung wegwerfen, wie die Regenwälder, Ozonlöcher, sauerstoffarme Ozeane, ausgestorbene Tiere etc. Und eben diese scheiß Grenzen. Im Universum ist keine Grenze, nur auf dem Planeten Erde.

Gerd - Wow! Das sind im Endeffekt meine Worte... Über das Raumschiff Erde gibts einige Bücher von mir.

Bea - Hab ich alle Bücher gelesen. Waren nur 5 Sekunden, weil ich eben eine Universumsfrau als Zeitläuferin bin.

Gerste Pt 1 - Zeitwandlungen

Gerd Steinkoenig Freitag, 20. September 2019·1 minute2 Mal gelesen

Hatte eben Video "Sense of Doubt" von David Bowie: Die Mauer... Berlin... In den 70ern von der Musik, Anfang 80er vom Film: Christiane F... Ich sehe und lese andere Zeiten, andere Planeten, andere Universen. 2019 kann kaum Mensch 1977 oder 1982 verstehen. Kreuzberg kaum Türken, keine Araber-Clans, keine Hauptstadt... 1977 oder 1982 ist eingekesselt, Punk-Clubs, die geilsten Discos, Kriegsdienstverweigerer, Hausbesetzer, in Berlin ist er unser Bowie: aus Wikipedia "Heroes" (Lied) – "Heroes" ist der Titel eines Songs von David Bowie. Das 1977 erschienene Stück handelt von zwei Liebenden, die im Schatten der Berliner Mauer zusammenkommen. Der Titel entstand in West-Berlin als Teil von Bowies Berlin-Trilogie und ist einer der wenigen international bekannt gewordenen Popsongs über die Berliner Mauer.

Ich wollte Berlin - aber es ging nicht! Es gab einen Termin durch C.H. - aber es ging nicht! NIE MEHR BERLIN MIT MAUER und diese Aura und dieser Zeitgeist... Der Instrumentalsong "Sense of Doubt" ist für mich forever Berlin in den 1970ern...

Berlin 2019? Interessiert mich nicht... Aber "Heroes" ist in der Zeitoase für immer eingefangen. Aber wer kann das 2041 kapieren?? Oder jetzt schon?!

3

Gerste Pt 5 - GLEICHZEITIG

Gerd Steinkoenig-Sonntag, 22. September 2019-2 Minuten

In Annweiler Heimat-Trommler, in K-Town keine Ahnung - vielleicht Kneipendiskussionen wegen de Betze, gleichzeitig auf der Erde, die gleiche Sonne, der gleiche Himmel, die gleiche Erde, diverse Religionen, diverse Ansichten, diverse Gehirnwäsche, diverse Mainstreams, diverse Morde, diverse Gesellschaften, diverse Vergewaltigungen, diverse Meinungen, diverse Liebe, diverse Psychoterror, ob in New York City oder Paris oder Rom oder Nairobi, oder Mumbai oder London oder Tokio oder oder oder... In Deutschland gibt es gefühlte 1000 Arten der Regionalansichten mit diversesten Menschen - und doch das Gleiche mit Uniformierungen ala Lidl, Aldi, Telekom-Shop etc... Wenn ich die Erde sehe von oben mir göttlichem Aura, mit Ruhe und Grenzenlosigkeit und Frieden... Aber tatsächlich gleichzeitig 9548 Morde, 11076 Vergewaltigungen, 26987 Diebstähle - und 28745 mal Geschlechtsverkehr... Keine Ahnung, vielleicht mehr oder weniger, aber alles gleichzeitig auf der Erde, in der gleichen Sonne, mit den diversesten Gehirne und Meinungen durch Freunde, Kumpels, Feinde, Printmedien, TV, Computer etc... Sie meinen, es ist richtig in ihrem Kopf, dabei 498249932 diverse richtige (?) Meinungen.

Dies ist das Geheimnis auf der Erde: das Projekt "Mensch"! 3797 ist das Ende von Nostradamus - das Ende von Hass und Macht und Krieg, sondern endlich Liebe? Alle Menschen sind Brüder und Schwestern? Oder kommt einfach der Atombombenkrieg oder die Klimakatastrophe und die Menschen sind weg... Sauriers weg, Menschen weg, wer kommt als Nächstes?

Übrigens: Gott ist es egal! Weil Gott hat viele Planeten und Lebewesen-Kreationen. Das nächste Leben bin ich dabei. Bin mal gespannt, mit dem anderen Planeten. Vielleicht eine blaue Sonne? Mit pinke Bäumen?

41

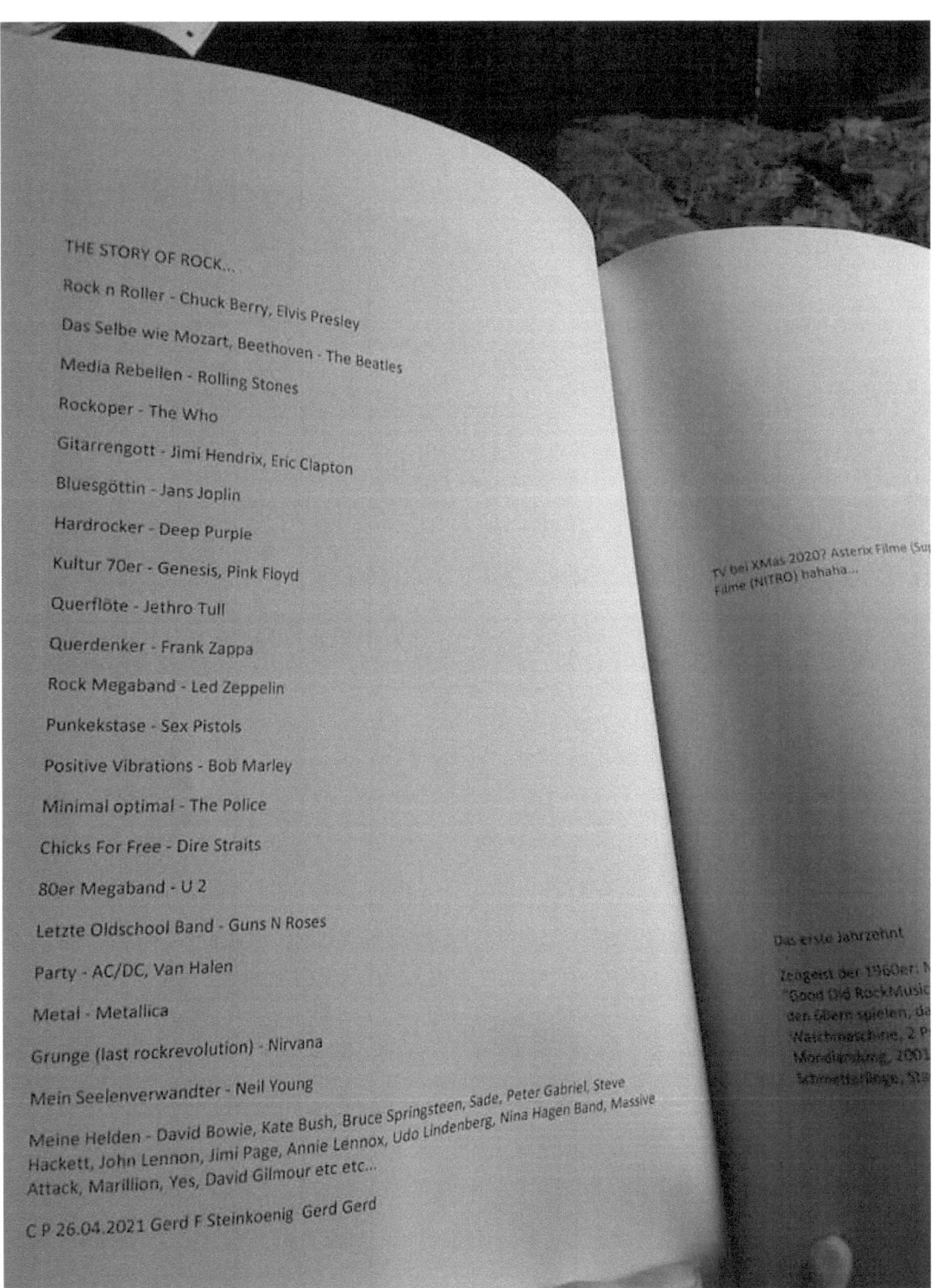

THE STORY OF ROCK...

Rock n Roller - Chuck Berry, Elvis Presley

Das Selbe wie Mozart, Beethoven - The Beatles

Media Rebellen - Rolling Stones

Rockoper - The Who

Gitarrengott - Jimi Hendrix, Eric Clapton

Bluesgöttin - Jans Joplin

Hardrocker - Deep Purple

Kultur 70er - Genesis, Pink Floyd

Querflöte - Jethro Tull

Querdenker - Frank Zappa

Rock Megaband - Led Zeppelin

Punkekstase - Sex Pistols

Positive Vibrations - Bob Marley

Minimal optimal - The Police

Chicks For Free - Dire Straits

80er Megaband - U 2

Letzte Oldschool Band - Guns N Roses

Party - AC/DC, Van Halen

Metal - Metallica

Grunge (last rockrevolution) - Nirvana

Mein Seelenverwandter - Neil Young

Meine Helden - David Bowie, Kate Bush, Bruce Springsteen, Sade, Peter Gabriel, Steve Hackett, John Lennon, Jimi Page, Annie Lennox, Udo Lindenberg, Nina Hagen Band, Massive Attack, Marillion, Yes, David Gilmour etc etc...

C P 26.04.2021 Gerd F Steinkoenig Gerd Gerd

Gerd Steinkoenig

Blood On The Rooftops Teil 2

Weitere Notizen über Musik und Mehr

Gerd Steinkoenig

2. Juni 2011 ·

Das erste Jahrzehnt

Zeitgeist der 1960er: Mit Schirm Charme und Melone 2011 auf arte, Beatles oder Stones auf "Good Old RockMusic", 60er Jahre-Radio auf last.fm, mittlerweile gibt's neue Serien die in den 60ern spielen, das erste Jahrzehnt meines Lebens, Telefon mit Wählscheibe, die erste Waschmaschine, 2 Programme im TV ab 1963, Farb-TV ab 1967, APO und Minirock, JFK und Mondlandung, 2001-Odysee im Weltraum und Raumpatrolie Orion, Sommer voller Schmetterlinge, Stachelbeeren aus dem Garten...

GIRL-Groups: Shangri-Las, Ronettes, Bangles, Bananarama, Spice Girls, No Angels...

Gerd Steinkoenig

6. Februar 2011 ·

Stumme Zeugen, Version 2011

Häuser, stumme Zeugen, die seit 80 oder 100 oder 40 Jahren Menschen hören, beobachten, kommen und gehen sehen. Wenn die Schlafzimmerwand erzählen könnte - 1957 das Paar der Adenauer-Ära nach hartem Tagwerk, 1968 die kiffenden Dutschke-Jünger, 2005 die seelenlosen Playstation-Junkies. Bäume, wenn sie erzählen könnten, vor 30 Jahren spielte am Baum die Mutter als Kind, jetzt spielt am Baum das Kind des damaligen Kindes. Das Haus sah 1972 als Modernstes einen Casettenrecorder, 2011 hörte das Haus 40 Musikalben von einem usb-Stick....

1 Kommentar

PS 2017: diese Prosa ist ein vorläufer der Prosa ZEIT (siehe Buch 1)

CP 26. Mai 2019

Königspinguin, Menschebene, da Vinci!

Gerd Steinkoenig Mittwoch, 22. Mai 2019

Der Mensch Steinkönig war vorher Königspinguin! In der Dynastie war ich in den höchsten Ebenen der Skorpion - im Mensch SkorpionSternzeichen, oder chinesische Sternzeichen Schwein. Ich bin als Schwein geschlachtet. Ganz früher in der Lebenschronologie war ich ein kleines Mäuschen, abgequikt durch die Katze... In der Hierachie bin ich weit gekommen: ich weiß aber nicht, ob Löwe oder Geopard oder Hirsch! Natürlich auch als Weibchen. Ich weiß nicht, ob ich erinnern kann. Wahrscheinlich war ich als Baum oder Bäumin als Pflanze: als Mensch verliebt in die Trauerweide. Und jetzt hat die Zeit anno 1959 die Hierachie mit neuer Ebene als Mensch neu geboren. Das erste Mal? War mein Gehirn nicht lebensfähig, dafür als Prüfung die Krankheiten heingesucht? Dann in die untere Ebene, als Panda oder Wal - oder gerade deshalb, ab als Maus für die Katze und der Schlange... Oder kein Weg zurück: das erste Mal Mensch, dann zum 2. mal, 5. mal, 9. mal??! Die Symbiosen von Tier und Mensch haben ihre Wege, Sinne, Schicksale, Vorhersehungen, überall. Unterschiede zu Gott, Glaube, Universum von/über Tier und Mensch! Tiere sind voller Treue und Liebe zu bösen, gewalttätigen Menschen - nur als Beispiel.

Annweiler am Trifels, März 2018

Fotos - Titel: Bad Bergzabern 2017 (Kunst mit Frau), Klappentxtfoto: Alzey 2017 | "Queen" mit Puzzle)

etc etc...

FROHE OSTERN & PHILOSOPHIE
Gerd Steinkoenig·Freitag, 10. April 2020·Lesezeit: 2 Minuten

SCHALL & RAUCH... Eben im ZDF-Krimi mit DIESEM Jahrhundertsong! Kennt wieder "keine Sau"... Als Teenager gehört mit Film "Die Rocker". Und ich dann, oh, was ist das, ein geiler Song etc mit 13 oder 14 Jahren - dann sowieso wegen "Die Rocker" (Nachbarn etc,damals waren Rocker noch cool...). Them war On Hit Wonder, aber Them war Van Morrison!! Aber wer kennt Van M.???!! Mal wieder kein Mainstream... Und Mrs.P hat nur Fragezeichen,lach...
It's All Over Now, Baby Blue Songtext Übersetzung Du musst jetzt gehen. Nimm mit, was du gebrauchen kannst und was – im Gegensatz zu mir – sein Verfallsdatum noch nicht erreicht hat. Aber egal, was du mitnehmen willst: krall's dir lieber gleich! Denn dort drüben steht dein verlassener Waisenknabe mit der Knarre in der Hand, heult, als wäre auf der Sonne ein Feuer ausgebrochen. Pass mal auf, Baby, Heilige können so was ab. Und jetzt ist sowieso alles aus, Kleines. Die Landstraße ist etwas für Spielernaturen, besser, du benutzt deinen Verstand. Begnüg dich mit dem, was dir zufällig in den Schoß fällt. Der Maler mit den leeren Händen, dem du unterwegs begegnest, zeichnet verrückte Muster auf deine leeren Blätter. Und dann stürzt auch noch der Himmel über dir ein. Jetzt ist sowieso alles aus, mein Kleines. So, jetzt aber runter vom Sprungbrett! Irgendetwas ruft nach dir. Komm, vergiss einfach deine Schuld, die bei mir aufgelaufen ist – sieh's mal so: sie bleibt hier, und du bist fort. Dein Liebhaber, der gerade zur Tür raus ist, hat seine Kuscheldecke zusammengelegt und mitgenommen. Und jetzt faltet sich auch noch der Teppich über dir zusammen – Es ist aus, Kleines. Neues Spiel, neues Glück – hier ist jedenfalls Feierabend...

DIE ACHZIGER: Lautre, Monnem, Jobs, Freundinnen, Konzerte...
Gerd Steinkoenig·Samstag, 29. Februar 2020·Lesezeit: 2 Minuten

DIE ACHZIGER (9.11.1979 - 9.11.1989) schnell rasen in der Zei...

Konzeptalbum durch ~~den~~ ... ~~2019 für mein ISBN-~~
Buch DANACH mit einem Kapitel "30 Lebensalben" - natürlich mit Lamb Lies
Down... Die DNA von Genesis heißt heute noch Carpet Crawlers. Weitere
bedeutenden Songs wie In The Cage, Back In NYC, Fly On A Windshield, The
Chamber Of 32 Doors etc... Wenn in 200 Jahren RockKlassik-Alben bedeutend
wären, dann wäre Lamb sicherlich dabei! Tja, Peter sagte Ciao, und Drummer Phil
Collins wurde Sänger. Er war überraschend gut - bei den Fußstapfen von Peter. Das
erste Album von Phil (A Trick Of The Tail 1976) war der kreative Höhepunkt als
Collins-Sänger: Ripples, Mad Man Moon, Los Endos, Squonk... Herrlich!! In dieser
Zeit hatte ich meinen Anfang als LP-Sammler. Überall - natürlich neben Pink Floyd,
Beatles, Yes, Deep Purple etc - war Genesis mein Lebenssoundtrack. Das sind
MEINE LPs: Lamb Lies Down, Trick Of The Tail und Wind And Wuthering mit
Songs wie Blood On The Rooftops (wie meine ersten 3 Bücher..), One For The Vine,
Afterglow... Und danach der "Heilige Gral": das Live-Doppelalbum Seconds Out!!
Das ist eine "Greatest Hits" von Progrock wie Supper´s Ready, Afterglow, Squonk
etc...

UMBRUCH - Tja, was ist dann... Zeitrelationen... And Then There Were Three-
Album kam... Follow you Follow Me kam... Und KL meinte: Genesis ist scheiße... Im
Nachhinein ist And Then There Were Three - mittlerweile - ein Geheimfavorit. 1978
war das - heute ist gaaar nix mehr mit Idealismus, stromlinienförmiger
Mainstreamrock oder so - aber heute ist das Album three einfach geil: Melancholie
mit Burning Rope... In meinem Leben um den 70er Zeitgeist zu finden, dann DIESES
Album! Ich "durfte" immer nur EINE Band nennen, sonst hätte ich 2 Genesis-
Lebensalben gehabt.... Und dann The Police wurde meine absolute Nr 1-Band!! Weil
Genesis war wirklich scheiße: Duke und Abacab mit diesen LPs. Duke
(Zeitrelationen) ist mittlerweile besser (Duchess/Guide Vocal), aber Abacab... Gute
~~Songs~~ ... ~~Phil war nicht g~~

aber ~~total~~ ... ~~Auf jeden~~ ...
Entwicklung? Auf jeden ...
das Mädchen...
Dementsprechend hatte ab 2005 das Katzenmädchen Molly miaut   :-D Im
Hinterkopf immer gemeint: das Katzenmädchen mit Geborgenheit und Liebe wegen
dem Mädchen. Am Anfang noch nicht, aber dann. Viel mehr Entwicklung, Teamgeist,
sprechen untereinander. Hab mehrere Storys aus meinen ISBN-Büchern mit den
Revierkatzen, erfolgreicher Kampf mit dem Fuchs, Baumklettern zu den Vögeln,
totale Treue etc etc.. Wir sind ein Herz und eine Seele! Siehe im fb Gerds Katze
Molly hat ihre eigene Seite! Mittlerweile Stubentiger, vorher Kampf- und
Revierkatze, jetzt Filmstar, Diva, Fotomodell, lach   :-D
Und nochmal eine Glückskatze! Eine Kollegin meinte, die Katze braucht mich, weil
das "Herrchen" böse ist. Ja klar, mach ich. Später verschenkt 2014 zu einer Frau
namens M oder sowas... War wegen ihr und wegen Molly (Revierkampf). War echt
geil, die Chika. Bei dieser Bekannte waren 2 Hunde, 1 bis 2 Katzen und die Diva Nr 1
Chika! Leider ist sie aus dem Tierheim eine andere Familie vergeben.
Und weitere Haustiere. In den 1980er Wüstenspringmäuse, in den 2000er/2010er
Zwergkaninchen (2mal: Manson und Schnuffel), Meerschweinchen (3mal:
Devilinchen, Blacky, Jodie).
Liebe Eltern, das war scheiße mit den Wüstenspringmäusen - von wegen "in den
Pfälzer Wald"... Und weitere Erlebnisse, z.B. das "Ehepaar" mit (Marilyn) Manson
und Devil(inchen): ich hatte den Käfig geputzt, die Beiden hatten eine andere Ecke.
Am Schluss laufen sie eng zusammen wie ein Päärchen, soo süüüß   :-D Oder
Molly: ist einfach zu Manson und Devilinchen, auch bei Schnuffel und Co, in den
Käfig, legt sich in das Heu und schlief. die zwei Käfigbewohner poppten...

Nach Psychologie... Tierkoppel, am Schluss rechts mit Sportplatz.
Tierhaus. In de rStraße dann links mit Panorama mit Alzey und flache Felder. Dann
Rundgang weiter Richtung Klinik. Da war noch das geile Tiergehege. Mit Bank zum Chillen
(durch den Pfleger) und die andere Seite für Fotos (Physiolehrling). Es gibt diverse
Richtungen zum Tiergehege es ist quasi in der Mitte. Ach ja, links aus der Klinik mit großes
Schachspiel. Von der Klinik runter die Straße und dann links zum Gehege. Ach ja, und
Richtung Psychologielocation gehts auch runter.

Die polnische Pflegerin (morgens, aufgewacht und sie hat leicht ihre großen Brüste mich
berührt - der Tag war dann schön) war wirklich so schön, ich weiß noch, wie sie gekleidet
war, Stiefel, Powerarsch, aaaah :-D Dann die Speisesaal-Frau (auch polnisch), ich hab sie
umarmt am letzten Tag, Oder die Pflegerin mit dunklen Augen wegen rasieren: "Herr
Steinkönig, rasieren"... Oje und dann noch die Visite! Ich voller ERwartungsfroh und nix war.
Der Patient hat im Gehirn das und das... Bin ich jetzt ewig?? Dann traurig ins Bett. Aufeinmal
rollen... "Kegeln" für alle, ich trottete dann dazu. Ich hab alles im Kopf! Und alles im Kopf
durch die Queen!!!!!!!!!!!!!!! Zimmer mit S.K. und Kollegin und ich... Kollegin Bett, in der
Mitte zwischen den Betten Queen und ich und TVmit ARD-Quiz... Da war auch
Telefonnummer, Queen hat sogar mein Phone den Sohn angerufen. Am letzten Abend in ihr
Bett die Kleidung vorbereitet und... Scheiße, es war der letzte Abend und ich wusste es
nicht...

Die weiteren Alzey-Geschichten in den Büchern und dann dieses, aber es waren tatsächlich
nur ca 5 Wochen, vielleicht 6, das war alles - und es war ewig... Ach so ja: der Park, war auch
Rundgang, viel Bäume, Rasen, Bänke. Ging nicht von klinikausgang sondern ein Stockwerk
tiefer, von da aus zum Park und zum Orientierungsmarsch... Ja, ich weiß, die Zimmer, die
Gänge...

Beatrice - da hast Du ein schönes Best of...

Gerd - Ja, durch Dich, hahaha... Aber ich bin Perfektionist. Viele Werke sind nicht dabei, wie
meine Lieblingsprosa LEBENSSONNE von Dezember 2017! Ein paar Wochen nach den
KLiniken wegen dem Schlaganfall... Aber ich hab sowieso schon ein paar Bücher zur Prosa
LEBENSSONNE (z.B. DANACH oder DAS EICHHÖRNCHEN AUS DER DIMENSION...). Und eben
viele Lebensmomentums und durch meine Musik... Wenigstens hab ich doch mein Lebens-
Best of dabei, irgendwie, lach...

Beatrice - Ja, LEBENSSONNE ist ein tatsächliches Momentum, ähnlich wie beim Buch
DANACH. Es ist ein Beweis, das Du diese Zeilen geschrieben hast, da warst Du ja wirklich
"naturstoned", wie Du das immer sagst, lach...

Gerd - Ich möchte meine Gefühle, Momentums, Schicksale, Mitmenschen in meine Bücher
ALLES reinbringen! Das gelingt mir nicht. Aber ok, diesmal hatte ich einen guten Best of! Ich
hatte durch NO-ISBN "THeraphie-Bücher" wie DAS EICHHÖRNCHEN AUS DER DIMENSION,

THE BEST OF, RUST NEVER SLEEPS etc gute Momentums, aber auch mit vielen Gefühlen, Befindlichkeiten, gerade beim "Eichhörnchen". Es war in mir und ich musste es schreiben, paralell zu diesem Buch kan noch meine Epilepsie. Und diese Gefühle (auch der Weggang durch die "Freunde") waren alle Zeilen zu diesem "Eichhörnchen"-Buch... Die ISBN-Bücher ist um Endeffekt auch z.T. Hardcore, trotzdem dann doch ein bisschen weichgespült durch die weltweite Veröffentlichung... Die Menschen sind heutzutage oberflächlich, vieles ist durchnummeriert, auch durch die Pflege. Gott sei Dank, hab ich eine gute Gesamtbetreuung (ok, mit Egoismus etc), aber ich hab einen guten Betreuerassistent.

Beatrice - Es wäre am Besten, wenn ALLE Bücher (ISBN UND NO-ISBN) in EINEM Buch dabei wäre! Denn es ist tatsächlich EIN Buch. Tagebücher, Lebensphilosophiebücher, Musikbücher, Erinnerungs- und Erlebnissbücher - alles dabei IN EINEM... Du hast es schon 2017 so getätigt: beim 7. Buch MUSIC WAS MY FIRST LOVE steht ja im Klappentext - der Abschluss der 7 Bücher, 7 Bücher IN EINEM Buch! So sollte es ja sein. Und dann eben Dein September 2017... Also, liebe LeserXinnen, wählt aus, welche Bücher Ihr lesen wollt, von BLOOD ON THE ROOFTOPS bis LIEBE IST ALLES bis SPÄTER OHNE BUCH oder das 80 FOTOS-Buch oder dieses, desweiteren, hihihi...

Gerd - Ooooch, was Du alles für mich machst, lieben Dank, meine süße Zeitläuferin Bea...

Beatrice - Vielen Dank, hihihi... Was denkst Dü über Deine Zukunft? Du hast eine positive Energie mit starkem Geist. Aber wie machst Du Deine Zukunft gut?

Gerd - Ich hab meine Träume und hoffe auf eine gute Zukunft. Aber wie? Ich hab meine überzeugende Reinheit, Gelassenheit, Gesundheit, Kampf, Mut, Wille , Disziplin, meine positive Energie unf meinen starken Geist! Es wird immer wieder plötzlich ganz anders. Mit meinem Elternhaus hätte ich es soo nicht gedacht, das es eben soo kommt. Schon immer hatten alle gedacht, klar, Vater wird uralt - mein Lieblingsverwandter Großvater war ja gut 91 - und die SteinkönigGene und Mutter hatte eine schwere Magen-OP. Was war? Vater ging in seiner nächsten Lebensdimension mit gut 81, ich hatte einen Schlaganfall und Mutter lebt immer noch! Natürlich kann sie 100 werden, lach, aber trotzdem, damit hätte z.B. 1985 oder 1998 DAS keiner gedacht... Zurück zu meiner Zukunft natürlich: in den 70ern, gerade in den 80ern war ich immer Richtung Fernweh gepolt. Aber wie soll man das nun machen? Wie Du gesagt hast zu mir: ich brauch mehr Risiko! Natürlich Vorsicht, Sicherheit, Gesundheit, aber Risiko. Ich will leben, aber wie? Im Momentum ist das ein Problem, besonders durch den scheiß Virus (Covid19, Omikron...). Nicht nur Fernweh, sondern Gemeinschaft, Zweisamkeit, mitten im Leben, das ist DER Aufhänger! Es kann ja nicht sein, das ich bis 78 nur rumhänge...

Beatrice - warum 78??

Gerd - Frühmorgens im Kinikdorf Alzey auf dem Klo, "Morgensitzung", um den 9.11.2017 (weiß ich nicht mehr so richtig), und ich schwor: wenigstens 20 Jahre (ich war um den Dreh rum 58)! Mit Demut, Glaube und ein Zwiegespräch mit Gott oder Jesus oder Schutzengel Vater, schwor ich: ich darf 20 Jahre leben, daher 78. Ich würde mich natürlich freuen, wenn ich 82 oder 85 werde, lach... Aber trotzdem...

Beatrice - Ich kann Dich verstehen, aber viel Leben, Ablenkung, nur positive Gedanken, Leben genießen, egal wie alt Du bist! Lade Dich ein mit Deinen Interessen!

Gerd - Ich möchte es gerne so tun! Plan! Ziel! Lösung!

Beatrice - Plan! Ziel! Lösung!

Nachtragend zum letzten Dialog mit 2 "fb-Sprüchen"

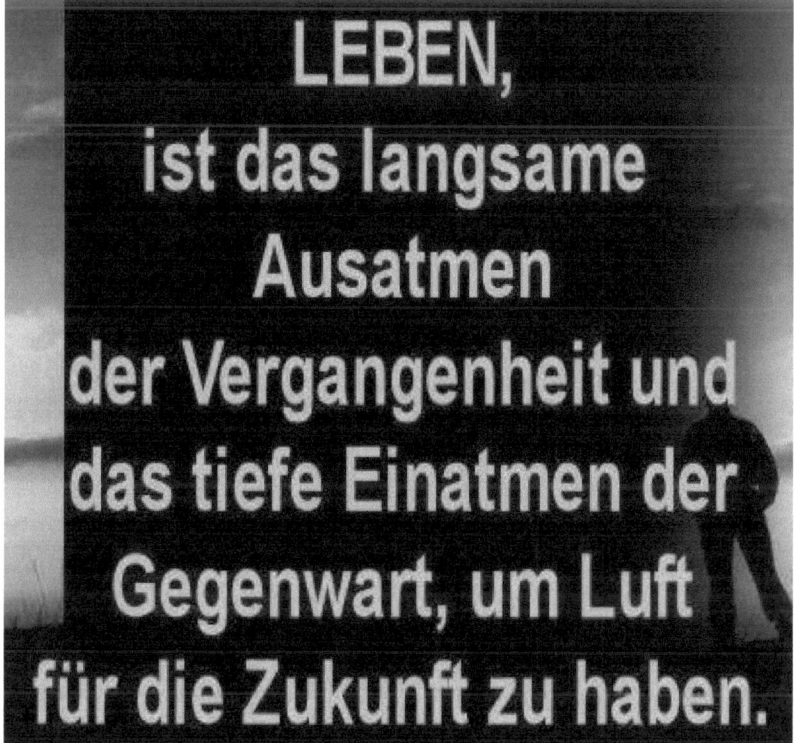

Leute mit Mut und Charakter sind den anderen Leuten immer sehr unheimlich.

Hermann Hesse

Gerd Steinkoenig

44 Min. ·

Mit Öffentlich geteilt

Vinyl! Chicago "X"! Mit Songs wie Another Rainy Day In New York City oder If You Leave Me Now!

50

Schwarzes Gold mit Vinyl!! Das gab es in den 1970ern nicht. Es waren einfach
Schallplatten... Für mich sehr vertraut, wenn ich Vinyl sehe. Im Gesamtwerk hatte ich ca
1000 LPs und ca gut 100 Singles. Später waren es ca 600 LPs und ein paar Singles. Seit
Dezember 2017 hab ich offiziell kein Vinyl mehr! Leider! Noch heute fehlen mir CDs, weil
ich "nur" LPs hatte, aber keine CDs. You know? Vor Kurzem hatte ich endlich wieder meine
Leib- und Magen-Album The Dark Side Of The Moon von Pink Floyd als CD... Ich hab noch
das Dark Side-Cover und weitere Covers (als ich damals die Wandcovers hatte) und nur
einige Vinylalbem - als "Es war einmal"Vinylalbum zu irgendeinem 20jährigen. Aber da
wären Absolutly Live von den Doors dabei oder Discovery von E.L.O. dabei - da gucken sie
mich verwundert an, was ist das für eine komische Musik, hahaha... Ich muss wirklich loben,
das viele junge Leute wirklich die Musikhistory checken und HÖREN. Durch die Medien
leider eben zu viele Chart-Hits und dann hast du "Land of Confusion" von Genesis, aber
keiner kennt das Epos Supper´s Ready... Und eben viele Erinnerungen: bei If You Leave Me
Now hab ich sofort meine Sugession M.B... Ach ja, damals 1977... Bei meinen Büchern hab
ich einen roten Faden: Zeit, Zeitgeister, Zeitoasen, Erinnerungen, Erlebnisse, Musik, TV-
Serien, Filme, Zeitgeschehen, Geschichte, Zeitensammler... Weitere Alben, Songs, Story of
Rock-Versionen, Raumschiff Erde, Menschen, Philosophie, Prosaen? Dann lest meine Bücher
von BLOOD ON THE ROOFTOPS-Trilogie, DANACH-Trilogie, SPÄTER OHNE BUCH, WILDES
WASSER, VOR EINER SEKUNDE...

Beatrice - Moment, machst Du eine Werbekampagne?

Gerd - Ich hab gespürt, das Du bald wegfliegst. Und ich wollte zum Ende nochmal Reklame starten, damit meine LeserXinnen mich lesen können.

Beatrice - Ich muss tatsächlich bald weg. Im Universum ist momentan Chaos...

Gerd - ... und durch die Erde. Das heißt nicht das Lebewesen Erde, sondern die Menschen...

Beatrice - Ja, leider! Die Menschen sind wie immer... Wie sie durch ihre Instinkte rumschreien aus Angst oder Dekadenz oder Dummheit! Wenn alle Menschen Respekt hätten, dann wäre es sehr gut auf der Erde... Mach Deine positiven Gedanken! Mach Dein Ding! Make Your Dream! Wir sehen uns wieder, weil ich Dich gerne wieder sehen möchte! Ciao, lieber Gerd...

Gerd - Ciao, liebe Bea...

NACHWORT

Special Thanks an unsere guten Menschen

Gerd Steinkoenig und Zeitläuferin Beatrice Farber

C P 12. Januar 2022 00.29h

Herstellung und Verlag: BoD – Books on Demand, Norderstedt
ISBN: 9783755795674